Günter de Bruyn

Unzeitgemäßes

Betrachtungen
über Vergangenheit
und Gegenwart

S. Fischer

Umschlagabbildung: Barbara Klemm, Frankfurt am Main
Gesamtherstellung: Clausen & Bosse, Leck
Printed in Germany
ISBN 3-10-009633-9

1 Unzeitgemäß nenne ich diese Betrachtungen, weil sie in einer Zeit, die das Jungsein verherrlicht, kein Hehl daraus machen, von einem alten Manne verfaßt worden zu sein. Altwerden aber bedeutet auch immer, sich in Teilbereichen gegenwärtigen Fühlens und Denkens nicht mehr als Kind der Zeit zu empfinden, vielmehr aus diesen Kinderschuhen herausgewachsen zu sein. Schuld daran ist erstens die sich ständig verändernde Alltagswelt mit ihren anderen Lebensformen, die die Alten nicht mehr mitmachen können und wollen, und zweitens die Historisierung des eigenen Lebens, die man mit den Erinnerungen an eignes Handeln und Denken nicht in Übereinstimmung bringen kann. Zwischen der Vergangenheit, die man erlebt hat, und der, die die Nachgeborenen mit ihren an anderen Erfahrungen geschulten Blicken zu sehen meinen, klafft jene Lücke, die immer das Einzelschicksal von dem der Gesamtheit trennt.

Geschichte wird verständlicherweise nicht nach den Erinnerungen der damals an ihr Beteiligten geschrieben, und der Historiker, der auch das Danach schon kennt, nach anderen Maßstäben urteilt und seine vorgefaßten Absichten hat, sieht auf die geschichtlichen

Geschehnisse zwangsläufig auch mit einem anderen Blick. Auf der Höhe des zeitlichen Abstands steht er gleichsam wie auf einem Feldherrnhügel, sieht, ohne Einzelheiten erkennen zu können, die größeren Zusammenhänge und kann daraus Folgerungen ableiten und Urteile fällen, die der gegenwärtigen Zeit mehr als der vergangenen verpflichtet sind.

Nach dem Tun oder Lassen, den Leiden und Freuden des einzelnen Menschen fragt die Geschichtsschreibung wenig. Sie ist interessiert an den allgemeinen Tendenzen, unter denen sich die Bewegungen der Geschichte auf das vorgefaßte Ziel hin vollziehen. So wurde im 19. Jahrhundert die Geschichte Preußens als ein umwegiger Marsch hin zum Deutschen Reich Bismarcks verstanden; die DDR sah die deutsche Geschichte als eine von Klassenkämpfen mit versuchten und unterlassenen Revolutionen, die endlich auf Ulbrichts Staat zielten; und heute nun wird der lange Weg Deutschlands nach Westen beschworen – und überall erscheint das Individuum nur als Illustration von Thesen, falls es in diese paßt.

Nicht anders verhält es sich mit den Urteilen, die, immer im Interesse der Gegenwart, von der Historie gefällt werden. Sie müssen zwangsläufig pauschal ausfallen, können auf Einzelschicksale keine Rücksichten nehmen, so daß ein Zeitzeuge, der damals außerhalb oder gegen die Zeitströmung lebte oder zu leben meinte, das Urteil nur um den Preis selbstverleugnender Anpassung annehmen könnte, was mancher, um sich als jung oder dazugehörig zu erweisen, ja auch tut. Wer aber versucht hat, sich selbst die Treue zu halten, möchte nicht gern zu jenen Alten gehören, die sich mit Baseballmützen, die sie auch in der Kirche nicht abnehmen, wie Junge gebärden, Schönes als cool bezeichnen, sich den Unterschied zwischen Kunst und Vergnügungsbetrieb ausreden lassen, Höflichkeit für veraltet halten und in jedem Tabubruch einen Segen für die Menschheit sehen.

Der Drang mancher Alten, möglichst jung zu erscheinen, hängt wohl auch damit zusammen, daß man sich nie so alt fühlt, wie man ist. Das junge Herz in den Alten, von dem die Redensart kündet, ist nicht die Ausnahme, sondern die Regel. Denn mit der immer schneller dahineilenden Zeit, die den Körper verfallen läßt, kann die Seele nicht mithalten. Sie will immer noch tätiger sein, als die schwindenden Kräfte es zulassen, und versucht, die von Jahr zu Jahr sich verändernde Umwelt, in der man sich nicht mehr zurechtfindet, und die immer breiter werdende Kluft zwischen den Generationen unbeachtet zu lassen – bis man dann schließlich notgedrungen die wachsende Fremdheit als naturgemäß akzeptiert. Es entsteht eine eigenartige Solidarisierung mit den Altersgenossen, in der hinter deren Gemeinsamkeit der Erfahrungen frühere Feindschaften und Antipathien verschwinden. Und wenn diese Zeitgefährten dann wegsterben, ist man, auch unter Kindern und Kindeskindern, verteufelt allein.

Weder weiser noch abgeklärter wird man im Alter,

wohl aber weniger anfällig für Modeerscheinungen und treffsicherer in der Menschenbeurteilung, weil man darin Jahrzehnte hindurch Erfahrungen sammeln konnte, die nicht so schnell wie unser Fachwissen veralten, sondern immer wieder anwendbar sind. Wer den Wechsel vieler Moden erleben und Zeitgenossen verschiedener Zeiten, sich selbst darin eingeschlossen, beobachten und in ihrer Entwicklung verfolgen konnte, hat dabei auch gelernt, sie einzuschätzen, das, was sie sind, und das, was sie darstellen wollen, auseinander zu halten und relativ schnell das dem eignen Charakter Fremde oder Verwandte in ihnen zu sehen. Seltener als in jungen Jahren täuscht man sich in ihnen oder läßt sich von ihnen täuschen. Die Anzahl der Frauen und Männer, die noch Neugier erregen können, wird deshalb geringer, und aus Selbstschutz ist man auch vor Enttäuschungen auf der Hut. Denn leider wird die Empfindlichkeit nicht, wie man vermuten könnte, mit steigendem Lebensalter geringer, sie wächst vielmehr mit dem schärfer werdenden Blick immer mehr an.

Man wird so hochgradig empfindlich, daß Erinnerungen an lange zurückliegende eigne Dummheiten und Verfehlungen, die man sich damals verziehen hatte, verspätet zur Qual werden können, und die Entwürdigungen, die man früher einmal hatte hinnehmen müssen, schmerzen, als seien sie noch akut. Man leidet stärker als früher unter dem nutzlosen Gerede an Kaffeetafeln und auf Konferenzen, unter den Phrasen von Referenten und unter dem Fernsehkitsch. Man glaubt, die Verrohung in Filmen und die intellektuellen Skrupellosigkeiten, mit der die Verwilderungen, auch unserer Sprache, als heilsam gepriesen werden, nicht mehr ertragen zu können, und ist von den geheuchelten Gefühlsaufwallungen eitler Politiker und gestikulierender Teilnehmer an Fernsehgesprächsrunden, als sei man verantwortlich für sie, peinlich berührt.

Wenn die Serienkiller, die Folterer, die im Öl verendenden Seevögel, die Schlachthäuser und Leichenberge auf dem Bildschirm erscheinen, kann man schlechten Gewissens, weil man sich blind stellt vor dem Bösen, den Apparat abschalten. Man kann sich in stoischem Denken üben, sich in die Arme der Geliebten oder in Kunst und Geschichte flüchten, sich Frühlingswiesen mit blauem Himmel vorstellen – oder aber sich den Kummer und die Sorgen von der Seele schreiben, in der wahnwitzigen Hoffnung, daß das außer dem Schreiber auch noch einigen Lesern ein wenig nützt.

2 Als unzeitgemäß wird es schon seit einigen Jahren empfunden, bei dem Gedanken an die Wiedervereinigung der Deutschen Genugtuung oder gar Freude zu zeigen, doch muß ich, damit man weiß, wer hier redet, zu Anfang meiner Betrachtung dergleichen noch einmal äußern, obwohl bald zwölf Jahre darüber vergangen sind. Ich muß also, sozusagen als Grundlegung für meine folgenden Gedanken, hier das Geständnis ablegen, daß mich seit dem Ende des Zwei-

ten Weltkriegs kein historisches Ereignis so angenehm wie die deutsche Vereinigung von 1990 berührt hat und daß diese angenehmen Empfindungen, die sich anfangs als Jubel äußerten, in schwächerer Form andauern, allen Dummheiten, Fehlern, Ärgernissen und Widrigkeiten zum Trotz.

Sicher hängt dieser Dauerjubel auch mit dem sich im Alter verändernden Zeitempfinden zusammen, das ein Einschnurren von lumpigen zwölf Jahren, die in der Jugend so lang sein können, auf einen viel kürzeren Zeitraum bewirkt. Das Glücksgefühl, das der Abriß der Mauer brachte, ist bei mir fast noch gegenwärtig, und ein Einkaufsbummel, bei dem nicht mehr der Mangel, sondern die Überfülle Qualen bereitet, ein Blick auf heimatliche Dörfer und Städte, wo häßliche Lücken gefüllt wurden und alte Bauten in Schönheit wiedererstanden, die tägliche, manchmal zwar ärgerliche, aber doch nicht mehr langweilige Zeitungslektüre oder eine Fahrt über die ehemalige, heute kaum noch erkennbare Grenze beschwören immer wieder die wunderbare Wende unseres Lebens herauf.

Meine Trägheit im Vergessen des Guten ist, wie ich weiß, nicht jedem gegeben: nicht jeder hat, wie ich zu meiner Überraschung erkennen mußte, das Zusammenkommen der Deutschen als etwas Wunderbares empfunden, und tatsächlich hat es ja auch nicht jedem nur Gutes gebracht. Denn jedes Ding, auch ein historisches Ereignis wie dieses, hat neben der hellen auch seine dunkle Seite. Was dem einen, wie mir beispielsweise, die Freiheit im Reden und Schreiben bescherte, brachte dem anderen den Verlust seines Arbeitsplatzes und dem Dritten die Entthronung von einem politischen Amt. Die Ideologen der einen Seite, die wieder und wieder die Gesetzmäßigkeit des sozialistischen Sieges bewiesen hatten, fühlten sich von der Wirklichkeit genau so verraten, wie jene Utopisten der anderen Seite, die schon im postnationalen Zeitalter zu leben gemeint hatten, das Bestreben der Deutschen, wieder zusammenzufinden, für rückständig hielten und sich nun an der Wirklichkeit dadurch rächten, daß sie die Schwierigkeiten des Zusammenwachsens, die nicht klein waren und noch andauern, übertrieben und die Einheit schon als mißglückt bezeichneten, als sie kaum noch begonnen war.

Daß wir Deutschen von heute Meister im Feiern eigner Erfolge wären, wird niemand, der in den vergangenen Einheitsjahren täglich die Zeitungen und die Rundfunknachrichten verfolgt hat, behaupten wollen. Da war, auch der Kosten wegen, viel Unlust an der Einheit zu spüren. Da wurden Betrügereien ruchbar. Da jagte eine Empörung, eine Beschuldigung die andere. Die Leute im Osten und die im Westen klagten darüber, daß die von der jeweils anderen Seite ganz anders als erwartet waren. Jeder hatte an jedem viel auszusetzen. Üblich wurden Pauschal- und Vorurteile. Und als man sich halbwegs aneinander gewöhnt hatte, lernte man schnell auch im Osten, daß nur derjenige Erfolg hat, der sich benachteiligt fühlt und seinen Unmut laut äußert. Also war auch nach dem Einschlafen des Ost-West-Geplänkels des Lärmens und Streitens, des Klagens und Anklagens kein Ende, selbst am zehnten Jahrestag der Einheit nicht.

Da ich die deutsche Vereinigung, trotz vieler Pannen, alles in allem für eine hervorragende Leistung halte, habe ich diese Verkümmerung des Sinns für staatliche Feierlichkeiten ein wenig bedauert, habe andererseits aber auch Verständnis dafür. Kommen uns doch, da wir glücklicherweise in einer Demokratie leben, neben den oft geschönten Verlautbarungen der Regierenden auch die kritischen Worte der Opposition zu Ohren, und da wir auch eine freie, enthüllungsfreudige Presse haben, die mehr von Katastrophen und Verfehlungen als von Erfolgen und den angenehmen Seiten des Daseins berichtet, sind wir auch immer über die dunkle Kehrseite des zu Feiernden informiert. Das trübt selbstverständlich jede Feiertagsstimmung, ist aber ehrlicher und vertrauenerweckender als die aus DDR-Zeiten noch in Erinnerung gebliebene Selbstbeweihräucherung mitsamt dem Paradieren und Fahnenschwenken, ehrlicher also als eine Jubelstimmung, die auf Zwang und Informationsmangel beruht. Die Abwesenheit von derlei befohlenem Getöse muß man sympathisch finden, sie kann einen aber auch fragen lassen, ob nicht bei einer übertriebenen Enthaltsamkeit im Feiern das allen streitenden Parteien Gemeinsame auf die Dauer verlorengeht. Mit Festen und Symbolen müssen sich alle Nationen ab und zu des sie Verbindenden vergewissern. Die Meinung, dessen nicht zu bedürfen, kann auch eine Art des vor dem Fall kommenden Hochmuts sein.

Daß die Zehnjahresfeier der Einheit von Zänkereien der Parteien überschattet wurde, halte ich für ein weiterwirkendes Unglück. Es ging dabei um die Frage, ob man zu der zentralen Feier einen, im bildlichen wie auch tatsächlichen Sinne, überragenden Menschen, der sich wie kein anderer um die Einheit verdient, aber anderweitig schuldig gemacht hatte, als Festredner ein- oder ausladen sollte, und man entschloß sich zum Ausladen, was, im historischen Rahmen gesehen, kurzsichtig war.

Wie man weiß, bestimmen im allgemeinen nicht einzelne Persönlichkeiten, sondern überindividuelle Mächte den Gang der Geschichte; aber es gibt doch auch immer wieder mal Situationen (wenn sie glücklich verlaufen, nennt man sie Sternstunden), in denen ein einzelner mit sicherem Blick für die Möglichkeiten die in Bewegung geratenen Kräfte in die gewünschte Richtung zu leiten versteht. Nur erkannt und genutzt, nicht geschaffen hat er die günstigen Konstellationen, und doch kann man ihn als Schöpfer bezeichnen, denn er hat, was ein anderer an seiner Stelle nicht gekonnt oder auch nicht gewollt hätte, die verschiedenen Kräfte, die wir mit Stichworten wie Gorbatschow, Solidarnocz, Ungarn, Neues Forum oder auch Leipzig bezeichnen können, zur glücklichen neuen Schöpfung, dem einigen Deutschland, zusammengeführt.

Ihn zu mögen ist sicher schwierig, und vieles an seinem Verhalten ist verurteilenswürdig, aber seine großen Verdienste wird ihm nur jemand absprechen, der sich vor der Geschichte lächerlich machen will. Auch Bismarck, den Theodor Fontane mit den Begriffen Genie und Mogelei treffend zu charakterisieren meinte, hatte seine geheimen Konten, den Reptilienfond, wie man verächtlich sagte, aus dem er in seinem Sold stehende Journalisten bezahlte. Die Entrüstung darüber war auch damals laut und berechtigt, und trotzdem ging er als Reichsgründer in die Geschichte ein. Er aber konnte sein Ziel nur mit Kriegen erreichen, während dem Mann, der 1989 das Steuer mit einer Geschicklichkeit, die man dem gewaltigen Körpermassiv gar nicht zugetraut hatte, führte, der demokratische und unblutige Weg in die Einheit gelang.

Im 19. Jahrhundert hätte man dem Mann auf öffentlichen Plätzen Denkmäler errichtet, was ich aber nicht etwa für die Gegenwart oder Zukunft vorschlagen will. Denn mit den Berliner Denkmalsdebatten hatten wir in den vergangenen Jahren schon genug Kummer; erst mit dem Streit um die Gedenkstätte in der Neuen Wache, der mit einem schwachen Kompromiß endete und deshalb dazu neigt, ab und zu wieder aufzuflammen; dann die ernste und von allen Seiten auch ernstgenommene Diskussion um das Mahnmal für die ermordeten Juden Europas; und schließlich nicht etwa eine Debatte über den Vorschlag eines Wiedervereinigungsdenkmals, dem kein Echo vergönnt war, sondern das Lustspiel um den schriftverzierten Pflanzenkübel, der nun inzwischen tatsächlich im Lichthof des Reichstagsgebäudes steht. Daß sich die Bundestagsabgeordneten, die dem Trog mit der Leuchtröhrenbeschriftung DER BEVÖLKERUNG mit knapper Mehrheit zustimmten, so gräßlich blamierten, hatte möglicherweise mit ihrer übergroßen Achtung vor Kunst und Künstlern, mehr aber wohl mit der Verführung durch die reichhaltige Symbolik der Installation zu tun.

In der Debatte und deren Resonanz in den Medien war seitens der Befürworter viel von der Freiheit der Kunst die Rede, weniger von der der Kunstbetrachter und Käufer, die, glaubt man den Stimmen der schließlich siegreichen Ja-Sager, weder Kunst als solche erkennen können, wozu nur Künstler und Sachverständige fähig seien, noch darüber streiten dürfen, ob sie ein Kunstwerk kaufen oder nicht kaufen wollen, weil das angeblich die Freiheit der Kunst beschränkt.

Diese wurde in der Abstimmung dann also mit zwei Stimmen Mehrheit gerettet, nachdem viele kluge und weniger kluge Worte gesprochen worden waren, von denen neben dem treffenden »Bio-Kitsch« auch die so glasklare wie nichtssagende Definition der Kunst, nämlich: »Kunst ist Freiheit«, in Erinnerung geblieben ist. Wenig beachtet wurde bei dem Jubel der Befürworter, der Verbitterung der Gegner und dem schadenfrohen Gelächter der Zuschauer, daß mit der Abstimmung auf höchster staatlicher Ebene auch eine sprachliche Festlegung getroffen wurde, die die Väter des Grundgesetzes, die bekanntlich alle Macht vom Volk ausgehen ließen, posthum beschämen, die ostdeutschen Bürgerrechtler von 1989, die das Volk gegen die Machthaber ausspielten, ins Unrecht setzen und die Wörterbücher verändern müßte – die Festlegung nämlich, daß der Begriff Bevölkerung mehr und Besseres als der Begriff Volk bedeute, weil der die Fremden mit einschließe, was doch die Schlußfolgerung zuläßt, daß der Künstler und seine Befürworter das Volk des Grundgesetzes als ethnisches, nicht aber als Staatsvolk verstehen. So schlimme Folgen wie die unselige Reform der Rechtschreibung wird freilich dieser Mißbrauch staatlicher Kompetenz nicht haben, weil er schnell wieder vergessen sein wird.

Daß derselbe Künstler, der das Wort Volk seines früheren Mißbrauchs wegen der Fremdenfeindschaft verdächtigt und es mit dem Wort Bevölkerung berichtigen möchte, dem nicht weniger mißbrauchten Boden, auch Scholle genannt oder Heimaterde, symbolische Ehren zuteil werden läßt, zeugt doch zumindest von einem wenig gradlinigen Denken, das aber die von seiner Kunst begeisterten Abgeordneten, die mit einem Zentner ihrer Heimaterde an dem Werk teilhaben sollen, nicht zu stören schien.

Doch erst wenn unsere bodenständigen Repräsentanten den Blumenkübel von 21 Metern Länge und 7 Metern Breite mit heimatlicher Erde gefüllt haben werden, wird das Kunststück seine volle Bedeutung entfalten. Dann tritt nämlich zu der unklaren Aussage der Leuchtschrift und der eindeutigen Botschaft der deutschen Erde die Symbolkraft der Natur noch hinzu.

Denn nicht Rosenbüsche oder Blumenrabatten sollen den Riesenkübel zieren, er soll vielmehr naturbelassen bleiben; es soll da wachsen, was da will und kann. Ungehegt und unbeschnitten soll sich hier freies Pflanzenleben entfalten – und so vom Kampf ums Dasein, vom Gesetz der natürlichen Auslese künden. Das Stärkere, so will uns der Künstler wohl sagen, also das Unkraut, setzt sich am Ende durch.

Abgesehen von einer fröhlichen Abgeordneten der Grünen, die sich vornahm, die natürlichen Ausleseprozesse durch schalkhaft eingeschmuggelte Sonnenblumenkerne zu überlisten, hat sich leider keiner unserer gewählten Vertreter zu diesem Aspekt der künstlerischen Aussage geäußert. Man beschränkte sich meist auf die Interpretation der umstrittenen Leuchtschrift, die die Giebelfeldinschrift des Reichstagsgebäudes, die bekanntlich lautet: Dem deutschen Volke, desavouieren oder doch relativieren soll. Dabei wurde, wie man erraten konnte, weniger das so oder so aufzufassende Volk, als vielmehr das Adjektiv deutsch als störend empfunden, das in manchen politisch tonangebenden Kreisen immer einen Abwehrreflex zur Folge hat.

Gerade den Überlebenden jener Generationen, die Hitlers Krieg dezimierte, also den heutigen Alten, ist diese Abwehrgeste etwas Vertrautes, doch auch Überholtes, etwas, das man, der Vernunft gehorchend, überwunden hat. Nach der Kapitulation und der Aufdeckung der von Deutschen begangenen Verbrechen wünschte sich mancher aus Scham, Schulderkenntnis oder der Angst vor der Vergeltung, dem Fluch, dieser Nation anzugehören, entkommen zu können, und da das nicht möglich war, sich wenigstens von ihr zu distanzieren, sie insgesamt zu verteufeln, alles Unangenehme als typisch deutsch zu bezeichnen und sich zum Weltbürger zu stilisieren, der veraltetes Nationales hinter sich hat. Der moralische Gewinn der Niederlage, so konnte man sich einreden, bestand auch in der Erkenntnis, daß es mit den Nationen zu Ende war.

Die gesamte Geschichte der zweiten Hälfte des zwanzigsten Jahrhunderts strafte diese Auffassung Lügen. In Deutschland bewährte sich der nationale Zusammenhalt bei der Aufnahme und der erfolgreichen Integration der aus den Ostgebieten Vertriebenen, bei dem Erhalt der gemeinsamen Staatsbürgerschaft während der Teilung und schließlich bei der friedlichen Wiedervereinigung. Im Prozeß der Auflösung des sowjetischen Herrschaftsgebietes kam es überall in Mittel- und Osteuropa zu einem Wiedererstarken nationalen Empfindens, auf dem Balkan sogar zu ethnisch begründeten Kriegen. Und die an dem Zusammenschluß der Europäischen Union beteiligten Nationen haben die Utopie eines europäischen Gesamtstaates stillschweigend begraben und steuern die realistischere Variante eines Bundes der Vaterländer an.

Diese Entwicklungen und auch die Erfahrung, daß die Angehörigen anderer Nationen auf deutsche Selbstverleugnung meist mit Mißtrauen reagierten, brachten in den späteren Jahren neben dem Gewinn an Realitätssinn auch die Einsicht, daß die Mißachtung nationalen Seins und Herkommens nicht nur selbstbetrügerisch, sondern auch bequem und anmaßend war. Trügerisch war die Annahme, daß wir bereits in einer postnationalen Ära lebten und wir die Kultur, die uns geprägt hat, willentlich einfach loswerden könnten. Bequem war es zu glauben, mit der Nation auch deren Schuld beiseite schieben zu können. Und anmaßend war es, die Nachbarländer, die ihr Nationales noch achten, für veraltet zu halten und wieder einmal darüber belehren zu können, wie man an unserem, diesmal nicht nationalistischen, sondern die Nation mißachtenden Wesen genesen kann.

Die verächtlichen Töne, in denen Leute, die nationale Identitäten für obsolet halten, über Franzosen und Polen reden, weil die sich Sorgen um ihre Sprache machen, muß die Besorgnis wecken, daß hier ein neuer, seltsam verkehrter Chauvinismus entsteht. Wer über die Dänen lacht, weil sie so gern ihre Nationalfahne zeigen, fühlt sich über diese Zurückgebliebenen erhaben, verfällt also genau in den Fehler, den er angeblich bekämpft. Zwar vermeidet er tunlichst, die Verachtung des Eignen anderen Völkern ebenfalls zu empfehlen, aber unausgesprochen ist die Aufforderung zur Nachfolge da.

Die Absicht, den Deutschen das Deutsche, das in der Vergangenheit so mißbraucht wurde, möglichst ganz auszutreiben, ist wahrscheinlich aus edlen Motiven erwachsen, würde aber, falls sie Erfolg hätte, zu anderen als den beabsichtigten Ergebnissen führen. Mit dem Identitätsmangel würde eine Gleichgültigkeit gegenüber der deutschen Geschichte einsetzen, Vergangenes würde Verpflichtendes ganz verlieren, die bedrückende Last würde abgewälzt werden. Denn die Verantwortung für die von Deutschen begangenen Verbrechen kann nur jemand, der sich als Deutscher versteht, empfinden. Das Vergessen des in den Hitlerjahren Geschehenen, vor dem zu warnen wir nicht müde werden, träte, wenn wir uns des Nationalen entledigten, mit Sicherheit ein.

Auch eine noch monumentalere Gedenkstätte für die ermordeten Juden als die in Berlin geplante würde daran nichts ändern. Denn wie sollten die Nachgeborenen, die von nationaler Kultur nicht mehr geprägt sind und sich nur noch Europa oder der Welt oder dem Nichts zugehörig fühlen, für die Verbrechen an den Juden mehr Verantwortung als für die an den schwarzen Sklaven, den Indianern, den Armeniern empfinden, wenn sie vor der an sich aussagelosen Betonwüste am Rande des Tiergartens stehen.

3 Als unzeitgemäß gilt es, Entwicklungen zu beklagen, die sich von uns nicht mehr ändern lassen, wie beispielsweise die neuen Formen der kulturellen Einebnung oder auch Gleichschaltung, die im Zuge der sogenannten Globalisierung auftreten und von manchem ohne Beurteilung hingenommen wer-

den, als sei Existenz auch schon Ausweis für Qualität. Für Politiker, die aus Gegebenem das Beste zu machen versuchen müssen, ist das vielleicht eine zweckmäßige Haltung, der kritische Beobachter dagegen muß das Schlechte auch schlecht nennen, wenn keine Hoffnung mehr ist, es zu ändern. Er muß immer urteilen, als gäbe es diese Hoffnung noch.

Das gilt auch für die Gedenkstätte für die ermordeten Juden Europas, die sich nicht mehr wird verhindern lassen, weil die Bundestagsabgeordneten, in diesem Fall wohl mehr moralischem Druck als der Meinung ihrer Wähler folgend, dem Riesenunternehmen zugestimmt haben und die Millionensummen, die schon in der Planungsphase starke Neigung zur Vermehrung zeigten, bereits bewilligt sind. Wir werden also wohl mit dem Ungetüm leben müssen. Gut, schön und seiner Aufgabe angemessen finden müssen wir es aber deshalb nicht.

In der Zeit, in der der Plan zu dem Unternehmen geboren wurde, diskutierte man noch über die Frage, ob die gewachsene Größe des geeinten Deutschland und die Wahl Berlins zur Bundeshauptstadt sich wohl auch als Verführung zu Großmachtstreben und Zentralismus auf den Geist der Regierenden auswirken könnte, doch bewahrheiteten sich diese Befürchtungen nicht. Die Verführung kam von einer ganz anderen Seite, nämlich von dem vielen Raum zum Bauen, den die neuerkorene Hauptstadt den politisch, industriell und finanziell Regierenden bot.

Verglichen mit Bonn, ist Berlin von riesiger Ausdehnung, mehr eine Landschaft aus ineinandergewachsenen Ortschaften mit Seen und Wäldern als eine Stadt. Es bietet viel Platz, um die neue Größe wenigstens in Bauwerken zu zeigen, auch und gerade in seiner Mitte, wo große Flächen, die der Krieg wüst gemacht hatte, durch die lange Teilung der Stadt wüst erhalten geblieben waren und darauf zu warten schienen, Großmannssucht baulich auszuleben. Und von der Regierung, den Banken und Konzernzentralen wurde dieses günstige Platzangebot dann auch reichlich genutzt.

Manche der neuerdings in Berlin entstandenen oder noch entstehenden Bauten könnten den Nachgeborenen, die sie mit dem benachbarten Berlin Schinkels, also der preußischen Hauptpstadt, vergleichen, durchaus so pompös wie uns heute die Kyffhäuser- und Völkerschlachtdenkmäler der zum Größenwahn neigenden wilhelminischen Zeit erscheinen. Und zu diesem auf solch falsche Größe Gebrachten rechne ich auch, wohl wissend, wie schwierig es ist, darüber zu reden, ohne sich Mißverständnissen auszusetzen, die Gedenkstätte für die ermordeten Juden auf dem riesigen Areal neben dem Brandenburger Tor.

Da die Verbrechen der Hitlerjahre nie vergessen werden dürfen, ist eine solche zentrale Gedenkstätte zweifellos nötig, und es ist schwer zu begreifen, daß sie nicht schon vor Jahrzehnten entstand. Daß sie nur den jüdischen Opfern gilt, nicht aber denen der Sinti und Roma und denen der sowjetischen Kriegsgefangenen, ist zu bedauern, weil man damit Millionen von Toten aus der Erinnerung ausklammert und eine Rangfolge des Gedenkens schafft.

Will man den Verdacht unterdrücken, daß die Ausmaße der Gedenkstätte dem Bedürfnis der Erbauer nach Prestigegewinn entsprechen, muß man zu der Meinung kommen, daß man hier in künstlerischer Hinsicht einem Irrtum erlegen ist. Die Monstrosität des Verbrechens, so scheint man sich gedacht zu haben, erfordere monströse Ausmaße der Gedenkstätte, als wüchsen Betroffenheit und Trauer mit den Quadratmeterzahlen an.

Daß diese weiträumige Betonödnis und die schönredend Stelen genannten Betonklötze aussagelos sind, also der Erklärung bedürfen, haben die Erbauer selbst zugegeben, indem sie sich nachträglich bereit fanden, die Erläuterungen unterirdisch anzubringen. Selten wohl war man bei Errichtung eines Mahnmals so wenig von seiner Wirkung überzeugt. Zu befürchten ist, daß künftige Generationen statt eines Entsetzens über die Verbrechen ein solches über die Erbauer empfinden werden oder sich gar des Verdachts nicht werden erwehren können, mit dem Kolossalen der Anlage sei insgeheim die kolossale Fähigkeit der Deutschen zum Trauern gemeint.

Auch Denkmäler, die auf Vergangenes hinweisen, sind Gegenwärtigem verpflichtet. Mehr als vom Dargestellten oder Gemeinten zeugen sie vom Geist ihrer Erbauer. Die in wilhelminischen Zeiten entstandenen riesigen Bismarcks, Hermanns und Wilhelms sagen mehr als über diese Gestalten über die damals in Deutschland herrschende Selbstüberschätzung. Vergleicht man diese zum Selbstruhm errichteten Riesen mit den menschlich anrührenden Statuen Johann Gottfried Schadows, muß einem klar werden, daß das Maßvollere und Bescheidenere oft das Bessere und Wirkungsvollere ist.

Als Maß aber gilt in diesem Falle das Brandenburger Tor mit seiner schlichten Strenge. Neben ihm wird das riesige Betonfeld zu einem neuen Beispiel für eine Gigantomanie werden, der Berlin ein halbes Jahrhundert zuvor gerade noch so entgangen war.

Sinn einer solchen Gedenkstätte müßte doch sein, im Betrachter Trauer, Entsetzen und Nachdenklichkeit zu erzeugen. Dazu aber wäre besser als diese willkürlich gewählte freie Fläche eine der historischen Stätten des Terrors und Grauens geeignet, und davon gibt es doch in Berlin und Umgebung genug. Neben den außerhalb der Stadt gelegenen KZ-Gedenkstätten, die teilweise aus Finanzmangel zu verfallen drohen, gibt es auch welche in zentraler Lage, in der Großen Hamburger Straße zum Beispiel, die früher einmal preußische Toleranz zeigte, weil hier das katholische St.-Hedwigs-Krankenhaus, die evangelische Sophien-Kirche und mehrere jüdische Einrichtungen friedlich benachbart waren, bis die Nazis 1933 dem Frieden ein Ende machten, indem sie die einen verfolgten und die anderen zwangen, nicht hinzusehen.

Wenn hier ein bescheideneres, aber aussagekräftigeres Denkmal stünde, das der Würde der Toten gerechter als die Betonmassen würde, könnte daneben auch noch die Suggestion des historischen Ortes wirksam sein. Sowohl die Leiden der Opfer, als auch die Schuld der Täter und der Wegseher könnten hier nachempfunden werden. Da steht noch die jüdische Knabenschule. Da gibt es noch den ältesten jüdischen Friedhof Berlins, den die Nazis zerstörten, und daneben den Platz, auf dem einst das jüdische Altersheim stand. Hier wurden die jüdischen Mitbürger Berlins zum Abtransport in den Tod zusammengetrieben, und aus den Mietskasernen, die das Areal umstanden, konnte dabei zugesehen werden. Hier erinnert jeder Pflasterstein an Verbrechen und Leiden. Das wiedererrichtete Grabmahl Moses Mendelssohns zeugt von der Symbiose jüdischen und deutschen Geistes, die sich bis in die Republik von Weimar hinein als fruchtbar erwies. Das wäre ein besserer Ort des Erinnerns, des Trauerns und des Gedenkens als die beziehungslose Ödnis am Rande des Tiergartens in ihrer auftrumpfenden Abstraktheit. Daß die Große Hamburger Straße als zentrale Gedenkstätte nicht in Erwägung gezogen oder verworfen wurde, kann nur damit erklärt werden, daß man nichts Anschauliches und Anrührendes, sondern etwas Auffallendes wollte. Nicht ums Trauern scheint es hier zu gehen, sondern um Trauerdemonstration.

Daß Berlin an Schönheit gewinnt durch die Gedenkstätte, hat noch niemand gewagt zu behaupten, und warum sie sich verspätet hat um ein halbes Jahrhundert, hat noch niemand einleuchtend erklärt. Beides bewegt aber, wie man verstehen muß, die Berliner, die seit Kaisers Zeiten immer von Zugereisten regiert und mit Bauten und Denkmälern beglückt wurden, gegen die sie sich nur mit ihrem Witz wehren konnten, der Pietät schon immer vermissen ließ. An den mit Recht so berüchtigten Stammtischen, an denen man sich um politische Korrektheit nicht kümmert, faßt man die Folgen der erneuerten Hauptstadtrolle und die Meinung über die künftig zubetonierte Gegend, in der früher einmal die Ministergärten grünten, in den zwei Worten: »Bonns Rache« zusammen, und der resignative Ton, in dem das gesagt wird, läßt die Alltagserfahrung anklingen, daß für alles und jedes gezahlt werden muß, auch für die Hauptstadtwürde, durch deren Verlust Bonn seinen Hofgarten gerettet hat.

Die Politkunst im Lichthof des Reichstagsgebäudes und die Gedenkstätte am Tiergarten liegen nicht weit entfernt voneinander, so daß Reisegruppen und Schulklassen sie auf einem kleinen Spaziergang nacheinander besuchen können. Beide sollen politische Botschaften vermitteln, aber beide werden schweigen oder Rätsel aufgeben. Und wenn den Besuchern unter der Erde erklärt wird, was die Betonklötze über ihnen bedeuten sollen, werden sie dort, wie zu hoffen ist, auch an die wirklichen Erinnerungs- und Leidensstätten verwiesen werden: an die Große Hamburger Straße, wo die Todgeweihten gesammelt, und an die Bahnhöfe Grunewald und Putlitzstraße, wo sie in die Züge gepfercht wurden, an die zerstörte und wieder aufgebaute Neue Synagoge in der Oranienburger Straße, an die Rosenstraße, wo 1942 gegen die Deportationen demonstriert wurde, an die Gräber von Walther Rathenau, Samuel Fischer und Rahel Varnhagen, an das Haus, in dem Max Liebermann wohnte, oder an den großen jüdischen Friedhof in Weißensee.

4 Unzeitgemäß ist es geworden, von Leben und Kunst Schönheit und Würde zu fordern oder auch nur zuzugeben, daß man dergleichen vermißt. Der Schönheit hat sich, da die Kunst mit ihr nichts mehr zu tun haben will, die Werbung bemächtigt, und für die Anspruchslosen blüht als Schönheitsersatz der Kitsch. Zwar führt die höhere Politik in Feiertagsreden häufig die Unverletzlichkeit der Würde des Menschen im Munde, aber zu sehen ist davon nur wenig. Nicht nur im Rausch und beim Psychotherapeuten ist Enthemmung gefragt, nicht Haltung. Von Fairneß ist selbst im Sport kaum noch die Rede, Kriegsregeln sind mit der Ritterlichkeit außer Kraft gesetzt worden. Tradierte Rituale, die gegenseitig Achtung oder Ehrfurcht ausdrücken, haben sich in abgeschlossene Bereiche wie die Kirchen und das Militär zurückgezogen, die Zeiten, in denen man den Hut voreinander zog und Alten und Gebrechlichen den Platz in der Bahn einräumte, sind nicht nur vergangen, sondern fast schon

vergessen. Die Achtung vor der Intimsphäre des anderen ist in rapidem Verfall begriffen. Unsere Zivilisation, das heißt unsere durch Erziehung und Bildung geprägte Lebensweise, deren formale Seiten die Zähmung der Triebe anzeigten, scheint sich so radikal zu ändern, daß man von Rückläufigkeit sprechen könnte, von einer Verwilderung auf hohem technischen Niveau.

Ablesen läßt sich diese Tendenz der Verwilderung auch an der Sprache, die nicht nur unter den vielberedeten Anglizismen, sondern auch an einer Verschmutzung leidet, die sich nach meiner Beobachtung als Kriegsfolge ausbreitete und heute durch die lebensecht sein wollenden Dialoge der Fernsehfilme, die für jegliches Mißgeschick oder Unbehagen nur Fäkalienworte zur Verfügung haben, salonfähig gemacht wird.

In den Diskussionen über die vielen englischen Ausdrücke, die das Gegenwartsdeutsch bereichern oder verunzieren, wird von denen, die nicht genug davon kriegen und das Sprachengemisch anscheinend als Beweis ihrer demokratischen Gesinnung betrachten, gern die Frage gestellt, wem die Anglizismen denn schaden könnten, und sie würden es sicher als unzeitgemäß empfinden, wenn einer, wie ich, sich als Geschädigter melden und erklären würde: Da die Schönheit der Sprache darunter leide, würde auch ihm Schmerz zugefügt.

Jede lebendige Sprache ist ständig in Veränderung begriffen, und die Aufnahme von Wörtern aus anderen Sprachen spielt dabei eine bedeutende Rolle, besonders in solchen Fällen, in denen die Völker, die sie sprechen, zivilisatorisch fortgeschrittener sind. Im frühen Mittelalter bereicherte so das Latein nicht nur die deutsche Sprache, und als im Deutschland des 18. Jahrhunderts an den Fürstenhöfen und in Adelskreisen vorwiegend Französisch gesprochen wurde, drückte sich damit die kulturelle Überlegenheit Frankreichs aus. Als diese schwand, verlor sich auch die Herrschaft der dazu gehörenden Sprache. Nach Lessing und Lichtenberg, Schiller und Goethe brauchte man, um niveau- und geistvoll reden zu können, das Französische nicht mehr. Friedrich der Große, der es zu brauchen meinte, kannte nur das Deutsch der Kutscher und Korporäle, nicht aber das Klopstocks und Herders. Und auch das Bestreben, Hoch und Niedrig nicht nur durch Kleidung, sondern auch durch Sprache zu markieren, fiel mit der allmählichen Angleichung der Stände weg. Mit dem Durchsetzen des Deutschen von unten nach oben kündigten sich erste Anfänge von Demokratisierung an. Es blieben aber viele französische Ausdrücke in der Umgangssprache hängen, von denen einige eingedeutscht wurden und uns heute noch dienen, viele andere sich aber als Modewörter erwiesen und wieder verlorengingen. Großen Einfluß darauf hatten wohl weder amtliche Festlegungen noch die leidenschaftlichen Sprachreiniger, die sich bei ihren Feldzügen gegen die Fremdwörter durch extremen Purismus oft lächerlich machten. Mehr war da wohl eine natürliche Auslese nach Überflüssigem und Zweckmäßigem am Werk.

Hauptlieferant von Fremdwörtern war dann im 20. Jahrhundert das sich weltweit verbreitende Englisch-Amerikanische, das anfangs bereichernd wirkte und sich dem Deutschen mühelos anpaßte, bis dann in den letzten Jahrzehnten die Flut der Übernahmen so reißend wurde, daß eine Verarbeitung nicht mehr gelingt. Das Sprachbild, das sich uns heute besonders im öffentlichen Bereich bietet, ist das einer Sprachvermischung, die mehr mit Aggression als mit gegenseitiger kultureller Beeinflussung zu tun hat und die unterlegene, sich kaum noch wehrende Sprache verdirbt. Verursacht wird diese Erscheinung auf der einen Seite durch Überlegenheit der Vergnügungsindustrie, der Wissenschaft und der Technik, auf der anderen durch eine Gleichgültigkeit der eignen Sprache gegenüber, die möglicherweise mit deutschen Identitätsproblemen und fehlender Selbstachtung, sicher aber mit der Unfähigkeit, Prägnanz und Schönheit der Sprache erkennen zu können, also mit Bildungsmangel, zusammenhängt. Statt wie jede lebendige Sprache Wörter aus anderen Sprachen nur bei Bedarf aufzunehmen und sich anzuverwandeln, muß sich das Deutsche heute tagtäglich eine Vermengung mit oft völlig unnützen englischen Wörtern und Wendungen bieten lassen, von der Werbung vor allem, aber nicht nur von ihr.

Ideologisch verbrämt wird die Wehrlosigkeit, mit der wir die Sprachverderbnis geschehen lassen, durch jene Leute, die in jeder Art von Sprachpflege Nationalismus wittern, die Zugehörigkeit zur westlichen

Welt mit dem Verzicht auf Eignes gleichsetzen und es für demokratisch halten, jeder modischen oder angeberischen Narretei, auch der sprachlichen, nachzulaufen – wie es uns neuerdings auch die Bahn verordnet, indem sie bewährte deutsche Begriffe in cards, points, lines und lounges übersetzt. Statt kundenfreundlicher, pünktlicher und zuverlässiger zu werden, zwingt sie uns zu einem Sprachengemenge, dem sicher auch bald mal ihr Name, der erstaunlicherweise noch immer Deutsche Bahn lautet, zum Opfer fällt.

Das flotte Nachplappern überflüssiger Anglizismen zeugt nicht von einer demokratischen, westlichen, postnationalen oder sonst welchen Gesinnung, sondern vielmehr von einer partiellen Beschränktheit, die von Schönheit und Prägnanz einer Sprache nichts weiß. Gegen Dummheit aber kämpfen wahrscheinlich auch die Gesetze vergebens, mit denen unsere verantwortungsbewußteren Nachbarn, die Franzosen und Polen, dem Sprachunheil zu begegnen versuchen. Deren Erfolg oder Mißerfolg sollten wir abwarten, nicht aber die überheblichen Töne anschlagen, die von Leuten, die alles Nationale schon hinter sich zu haben glauben, über die Bemühungen der angeblich zurückgebliebenen Nachbarn häufig zu hören sind. Die Mißachtung der eignen Sprache geht zwangsläufig mit der Mißachtung der Sprache des anderen einher.

Trotz allem aber sollte man die Hoffnung nicht sinken lassen, die Sprache Goethes nicht gleich verloren geben, weil eine Modetorheit mal wieder grassiert. Mit seiner Fähigkeit, Fremdes, das brauchbar ist, aufzunehmen und Unnützes abzustoßen, hat das Deutsche seine Selbstreinigungskraft schon früher bewiesen. Und wenn man Reklame und die Schaugespräche im Fernsehen meidet, möglichst nur mit gescheiten Leuten redet, gute Bücher liest und dem Volk aufs Maul schaut, scheint einem die Überflutung mit unverdauten englischen Brocken nur etwas Oberflächliches und Vorübergehendes zu sein.

5 Unzeitgemäß scheint es, im Jahr des Preußen-Gedenkens, in dem viele Verbindungslinien vom Damals zum Heute gezogen werden, die Frage zu stellen, welchen Motiven unser starkes Interesse an Preußen entspringt. Die heutige intensive Beschäftigung mit Preußen müßte uns doch nicht weniger erstaunen als die Zeitgenossen des 18. und 19. Jahrhunderts das Großwerden und Sichbehaupten dieses ärmlichen Staates, der heute lange schon tot ist, aber noch immer die Gemüter bewegt. Er ist nicht nur präsent als Bezeichnung einer Kulturstiftung und als Name von Sportvereinen und Bieren, sondern auch als etwas imaginär Gegenwärtiges, das Zustimmung oder Ablehnung herausfordert und Diskussionen auslöst, in denen sich die Argumentation des 20. Jahrhunderts, die zwischen einseitiger Glorifizierung und einseitiger Verdammung schwankte, häufig nur wiederholt. Doch wird mit wachsender Distanz und veränderten Bedürf-

nissen auch eine andere Sicht möglich und nötig, eine, die Preußen für heute brauchbar macht.

So wie man im 19. Jahrhundert die preußische Geschichte auf den Staat Bismarcks ausrichtete und im 20. Jahrhundert die gesamte deutsche Geschichte auf gewünschte Ziele hinlaufen oder sie auf sogenannten Irr- oder Sonderwegen verfehlen ließ, so kann Preußen heute auch für gegenwärtige Zwecke benutzt werden, indem man Teilbereiche herauslöst und sie verdammt oder idealisiert. Man will nicht wissen, wie es war damals in Preußen, sondern man will im Damals Bestätigungen für heutige Haltungen und Absichten finden. So wie früher der preußische Militärstaat als leuchtendes Beispiel diente, muß heute das Einwanderungsland Preußen diese Zwecke erfüllen. Auch scheint es nach dem Verlust allgemeingültiger Werte eine rückwärtsgewandte Sehnsucht nach der Gemeinschaftsidee namens Preußen zu geben, nach einem Staat, den man ehren und feiern konnte und auf den stolz zu sein, man ruhigen Gewissens behaupten konnte. Für Leute, denen die vielgerühmte Selbstverwirklichung nicht genügt oder vielleicht auch nicht glückte, scheint Preußisches eine geträumte Alternative zu sein.

Im Für und Wider ist Preußen im kollektiven Gedächtnis der Deutschen verankert. Eine Person, die man als Preußen bezeichnet, glaubt man damit, je nach eigner Einstellung lobend oder tadelnd, charakterisiert zu haben, und Tugenden, die überall als solche gelten, erhalten eine besondere Färbung, wenn man sie preußische nennt. In den Diskussionen über die Wiedererrichtung des Berliner Stadtschlosses werden untergründig die gegensätzlichen Positionen zu Preußen deutlich (oder es werden solche vermutet), ebenso auch beim Streit um die Gestaltung des Umfeldes der Neuen Wache, zu der nach den Plänen Schinkels auch die Denkmäler der Militärs der Befreiungskriege gehören, die mancher in die Traditionspflege der Bundeswehr aufnehmen möchte, manch anderer aber ins Abseits verbannen will.

Kaum eine andere Epoche der deutschen Geschichte wird so unterschiedlich wie die preußische beurteilt. Neben Abscheu und spöttischer Arroganz gibt es kritiklose Verehrung. Man möchte den alten Staat, oder doch wenigstens seine Tugenden, wiederbeleben, oder man meint, die Menschheit vor dem schon lange Verblichenen noch warnen zu müssen. Man hat versucht, Preußen vergessen zu machen, doch ist das auch an den prägnanten Gestalten gescheitert, die es hervorgebracht hat. Von seinen Königen angefangen, die alle in ihren individuellen Stärken und Schwächen unverwechselbar waren, ist das Personal, das Preußen belebte und formte, nicht totzukriegen, auch schon der Anekdoten wegen, so oft man sie auch als nur solche entlarvt. Überall trifft man auf Leute, die mit dem Alten Fritzen, dem Alten Dessauer, mit Katte und Marwitz, dem Müller Arnold und der Königin Luise mehr als vage Vorstellungen verbinden und die auch wissen, daß zu Preußen nicht nur das Exerzierreglement und die

Langen Kerls gehören, sondern auch die »Kritik der reinen Vernunft« und die »Minna von Barnhelm«, Humboldt und Fontane, Schadow und Kleist. Der Drang, nicht nur in Frage zu stellen, sondern auch zu verehren, hier wird er gestillt.

Auffällig ist, daß das anhaltende Interesse an Preußen sich vor allem auf seine klassische Periode richtet, die etwa mit dem Tod Friedrichs des Großen und der Französischen Revolution zu Ende ging. Das hängt wahrscheinlich mit dem deutschen Trauma von heute zusammen, dem in Hitler gipfelnden Nationalismus, für den das Preußen dieser Zeit kein Nährboden war. Wer nationale Empfindungen den Deutschen am liebsten verbieten möchte, wer hinter jeder Sorge um deutsche Denkmäler oder die deutsche Sprache schon Deutschtümelei wittert, oder wer unter dem Schicksal, als Deutscher geboren zu sein, leidet, kann sich an das nicht-nationale Preußen mit gutem Gewissen halten. Und wenn sonst durchaus ernstzunehmende Leute aus Ärger über die Leitkulturdebatte sich politischer Korrektheit so eifrig befleißigen, daß sie die Existenz einer deutschen Kultur mit der Begründung, wir äßen doch auch italienisch und trügen Hemden aus Hongkong, unter Beifall verneinen, ist es kein Wunder, daß man sich zurückträumt in Friedrichs Zeiten, in denen man ein Selbstbewußtsein moralisch ungestraft haben konnte, weil Preußens Glanzzeit weit, weit vor dem deutschen Sündenfall lag.

Das Bild Preußens, das in den Nachkriegsjahren

nicht nur von den Siegermächten durchgängig militaristisch schwarz in schwarz gemalt wurde, ist bunter, nuancenreicher und weniger martialisch geworden, manchmal so freundlich, daß man annehmen könnte, die Maler wünschten sich zurück in die Zeiten, in denen intime Berichte aus Königshäusern nicht nur aus London, Oslo, Stockholm oder Monaco kamen, sondern auch aus den Schlössern an Havel und Spree. Da nach dem Kriege keine monarchistische Partei mehr gegründet wurde, kann man die politische Auswirkung der Freude an Preußen nirgendwo deutlich ablesen. Und wenn ausgerechnet Sozialdemokraten, deren Preußen-Zerrbild früher einmal von Franz Mehrings »Lessing-Legende« bestimmt wurde, heute Preußen nur als Geburtsland der Toleranz feiern, hat eine Einseitigkeit die andere abgelöst.

Die Tolerierung unterschiedlicher Konfessionen hatte in Brandenburg schon 1613 begonnen, als der Kurfürst Johann Sigismund, nicht nur religiöser Überzeugung, sondern auch politischen Erwägungen folgend, den Übertritt von der Lutherischen zur Reformierten Kirche vollzogen hatte, ohne, wie damals üblich, seine lutherischen Untertanen zum gleichen Glaubenswechsel zu zwingen. Die Freiheit der Religionsausübung war damit gegeben, und die Nachfolger des Kurfürsten führten sie erfolgreich fort.

Es war eine staatlich verordnete Freiheit, die zu ihrer Aufrechterhaltung staatliche Repressionen brauchte. Gewalt war nötig, um Vernunft durchzusetzen und zwischen Reformierten und Lutheranern, die sich gegenseitig des Irrglaubens bezichtigten und von den Kanzeln herab aufeinander schimpften, Frieden zu stiften. Manch Geistlicher, der von der alleinigen Richtigkeit seines Bekenntnisses fest überzeugt war, mußte sich dem Druck des Kurfürsten beugen und einer Kompromißformel zustimmen, die nicht seiner wahren Meinung entsprach. Nur einige von ihnen, bei denen sich Glaubens- und Charakterstärke miteinander verbanden, krochen vor der weltlichen Macht nicht zu Kreuze, blieben vielmehr bei ihrer Überzeugung, nahmen also, wie wir halbherzig oder gar nicht Glaubenden heute urteilen, Vernunft nicht an. Zu ihnen gehörte Paul Gerhardt, der damals in Berlin die Gemeinde der Nikolai-Kirche betreute und wohl der größte Kirchenliederdichter deutscher Sprache war.

1664 hatte der Große Kurfürst ein Edikt von 1614 erneuert, mit dem den Geistlichen aller Konfessionen verboten wurde, in Predigten gegen andre Glaubensrichtungen zu Felde zu ziehen. Mit dem Wortlaut dieser Verordnung wurde allen Kirchenleuten eine Erklärung ausgehändigt, in der sie sich durch Unterschrift dazu verpflichten mußten, auf Glaubensstreitereien zu verzichten und täglich für den Frieden zwischen den Bekenntnissen zu beten. Paul Gerhardt, einer der friedfertigsten, aber in Glaubensfragen auch gewissenhaftigsten Lutheraner, weigerte sich zu unterschreiben oder auch mündlich derartiges zu versprechen, worauf er, obwohl die Gemeinde dagegen protestierte, sein Amt verlor. Er verließ Preußen und verbrachte die letzten Lebensjahre im damals sächsischen Lübben. Dort dichtete er, ohne Groll spüren zu lassen, weiter seine Lieder. Eines davon, das mit den Worten beginnt: »Ich hab in Gottes Herz und Sinn mein Herz und Sinn ergeben«, scheint auf seinen Streit mit der Obrigkeit anzuspielen, wenn es in der zweiten Strophe heißt: »Wenn Gott mich auch gleich wirft ins Meer, / So will er mich nur üben / Und mein Gemüt / In seiner Güt / Gewöhnen festzustehen. / Halt ich denn stand, / Weiß seine Hand / Mich wieder zu erhöhen.«

Noch sein Testament enthielt eine Warnung vor jenen Glaubensbrüdern, die zur Tolerierung der irrgläubigen Reformierten rieten. Er starb schon 1676, erlebte also die Einwanderung der Hugenotten, die den Einfluß der Reformierten Kirche in Brandenburg stärkte, nicht mehr. Denn das sogenannte Edikt von Potsdam, in dem der Große Kurfürst den in Frankreich verfolgten Hugenotten Zuflucht und Unterstützung in seinem Herrschaftsbereich garantierte, wurde erst 1685 erlassen, und da seine Nachfolger im 18. Jahrhundert diese Toleranz- und Asylpolitik fortsetzten, kamen auch Flüchtlinge aus der Pfalz, aus Salzburg, Polen, Böhmen, der Schweiz und dem Fürstentum Oranien, und alle konnten ihre Religion frei ausüben, auch die Katholiken, von denen es in Berlin zum Beispiel um 1700 schon etwa 800 gab. Religionsfreiheit gab es auch für die Juden, die aber anderen Beschränkungen unterlagen. Sie wurden in den Städten nur in begrenzter Zahl geduldet, mit höheren Steuern belastet und in ihrer Handelsfreiheit beschränkt.

Die Einwanderungspolitik Brandenburg-Preußens galt als besonders verläßlich, weil sie nicht nur auf der Menschenfreundlichkeit einzelner Herrscher beruhte, sondern auf Notwendigkeiten gegründet war. So dringend wie die Flüchtlinge eine neue Heimat brauchten, so dringend brauchte das im Dreißigjährigen Krieg zerstörte und entvölkerte Land Menschen, die auf dem Lande die wüst gewordenen Höfe wieder besetzten und in den Städten Handel und Handwerk voranbrachten. Welchem Glauben sie anhingen, spielte dabei keine Rolle, nur arbeitsam mußten sie sein.

Da viele Flüchtlinge aus wirtschaftlich besser entwickelten Ländern kamen und häufig Kenntnisse und Fertigkeiten mitbrachten, die in Preußen benötigt wurden, waren die Leistungen, die sie für ihre neue Heimat erbrachten, enorm. Sie gründeten oder modernisierten viele Produktionsstätten. Sie verfeinerten die gärtnerischen Methoden. Gelehrte bereicherten die Akademien mit ihrem Wissen. Adlige dienten als Offiziere, oder sie kamen bei Hofe unter. Andere bewährten sich als Festungsbaumeister oder bei Wasserbauten. Und fast alle von ihnen wurden in kurzer Zeit zu patriotischen Preußen, weil das Land ihnen so viel bot, wie sie ihm.

Die Fremden, die solche nicht lange blieben, waren dem armen Land unentbehrlich. Die Privilegien, Beihilfen, Kredite, die ihnen anfangs vom Staat gewährt wurden, zahlten sich für diesen in der Regel bald wieder aus. Sie erregten aber manchmal auch den Neid der Einheimischen, die sich benachteiligt fühlten, so daß auch Aversionen gegen die Fremden aufkamen, die aber vom Staat so wenig geduldet wurden wie Streitereien über die richtige Konfession. Da die Stärkung und Modernisierung Preußens auch von der Zuwanderung und dem inneren Frieden abhängig waren, mußte tolerantes Verhalten notwendigerweise zur Staatsräson werden – und könnte uns heute bei der Abwehr von Fremdenfeindschaft als Vorbild dienen, wenn der Vergleich nicht, wie jeder historische, hinken würde, und zwar auf beiden Beinen zugleich.

Denn weder die Menschen und ihre religiöse Prägung, noch die Umstände von damals waren denen von heute ähnlich. Heute ist das religiöse Bekenntnis, falls überhaupt noch vorhanden, zur Privatsache geworden; damals beherrschte der Glaube noch das Fühlen und Denken der meisten, und die Kirche war praktisch ein Teil der Staatsmacht. Preußen war damals arm und entvölkert und benötigte Arbeitskräfte, von denen das reiche Deutschland von heute einige Millionen zu viel hat. In Preußen zu leben war zwar für wenige eine Ehre, aber für keinen, am wenigsten für die Besitzlosen, ein Vergnügen. Es kam also nur, wer es nötig hatte, keiner aber des Wohlstands wegen. Viele Zuwanderer verschwanden auch wieder, weil Dienst und Arbeit zu mühevoll und nicht ertragreich genug waren. Daß enttäuschte Kolonisten, die Friedrich der Große auf märkischen Sandböden angesiedelt hatte, ihr Glück bald wieder jenseits der preußischen Grenzen suchten, war selten nicht.

Auch an Freiheit, die Zuwanderer heute in Deutschland genießen, war, außer der der Religionsausübung, im absolutistisch regierten Staat mit strenger Trennung von Landleuten, Bürgern und Adel nur wenig zu finden. Preuße zu sein hieß auch, sich in seinen Stand einzufügen, sich mit dem Lebensnotwendigsten zu begnügen und immer und überall, auch wenn man keine Uniform trug, gehorsam zu sein.

Obwohl sich im deutschen Bürgertum des 18. Jahrhunderts auf kulturellem Gebiet das Nationalbewußtsein entwickelte, war nationalstaatliches Denken im Preußen seiner ersten drei Könige noch unbekannt. Wohl war Preußen mehrheitlich ein deutscher Staat, aber in ihm lebten auch andere Völker, allerdings nur europäische, christliche. Friedrich II. konnte leicht damit prahlen, auch Heiden und Muslime in sein Land aufnehmen zu wollen – aus Asien und Afrika kamen ja keine. Es kamen nur Menschen, die an ähnliche Lebensumstände und Gesellschaftsstrukturen, wie sie sie in Preußen vorfanden, gewöhnt waren. Mit national bestimmten Vorurteilen hatten sie kaum zu rechnen, genausowenig aber mit Respekt gegenüber ihren Eigenarten. Wo die Vernunft, auch die wirtschaftliche, regierte, kam keiner auf die Idee, von Multikulturalität zu schwärmen oder Minderheitenrechte zu achten. Wer sich entschlossen hatte, in Preußen zu leben, war früher oder später auch gezwungen, Sprache und Lebensart seiner Wahlheimat anzunehmen, auch das gebot die Vernunft.

Daß die im Süden Brandenburgs beheimateten Sorben, genannt Wenden, parallel zur wirtschaftlichen Stärkung und zur Festigung der staatlichen Verwaltung im 18. Jahrhundert ihre Sprache und ihre Gebräuche langsam verloren, zeigt deutlich diese nicht-nationale, aber damit auch dem Nationalen nicht günstige Tendenz. Die märkischen Wohngebiete der Sorben, die unter dem Soldatenkönig noch unter dem Namen Kurmärkisch-Wendischer Distrikt zusammengefaßt wurden, brauchten Jahrzehnte später diese Bezeichnung nicht mehr. Um die Zweitklassigkeit, die sie im Mittelalter gehabt hatten, endgültig loszuwerden und gesellschaftlich und wirtschaftlich bestehen zu können, hatten sie Deutsche werden müssen. Erst die Romantik im 19. Jahrhundert lehrte sie, ihrer zum größten Teil schon verlorenen Sorben-Identität nachzutrauern, sich an ihr Volkstum wieder zu erinnern und sich mit eignem völkischen Denken gegen das sie erdrückende deutsche zu behaupten. Die Volkstumskämpfe des 19. und 20. Jahrhunderts waren dem klassischen Vernunftspreußen so fremd gewesen wie die Achtung vor nationaler Eigenart.

Daß die in Preußen lebenden Hugenotten ihre Muttersprache lange beibehalten und ihre Traditionen pflegen konnten, hing damit zusammen, daß sie meist in Kolonien zusammenlebten, ihre eigenen Beamten und Prediger hatten und darauf bauen konnten, daß jeder halbwegs Gebildete des Französischen mächtig war. Erst als im 19. Jahrhundert die französische Sprache an den Höfen und Adelssitzen durch das Deutsche verdrängt wurde, mußten auch die Nachkommen der Hugenotten sie aufgeben. Nie aber hat sie ihr langes Festhalten an französischen Traditionen daran gehindert, begeisterte Preußen zu sein.

Das Toleranzdenken des Vernunftsstaates Preußen war also ein anderes als das unserer heutigen Romantiker, der Multikulturschwärmer, die völkisches Denken, soweit es deutsch ist, zwar verbal verdammen, aber von folkloristisch trommelnden Afrikanern in deutschen Großstädten träumen, von wirtschaftlicher Vernunft wenig halten, Sprachunterrichtspflicht für Ausländer ablehnen, die Bildung von Ghettos, wo die Notwendigkeit des Deutschlernens wegfällt, die Arbeitslosenquote erschreckend hoch ist und sich gefährlicher sozialer Sprengstoff ansammelt, nur schön belebend für unsere Städte finden und von den ethnisch bestimmten Konflikten, die überall auf der Welt immer wieder aufbrechen, keine Notiz nehmen. Vielleicht werden sie ihre Kinder oder Enkel einmal fragen: Konntet oder wolltet ihr diese Gefahr nicht sehen?

6 Als zeitgemäß scheint es zu gelten, aus parteipolitischen Gründen einen Minister seiner längst überwundenen und niemals verschwiegenen Jugendtorheiten wegen in Verruf zu bringen, ihm also,

aller Toleranzbeteuerungen ungeachtet, das Recht auf Entwicklung nicht zuzugestehen. Unzeitgemäß erscheint dagegen die Feststellung, daß wir doch alle, wenn wir nur alt genug werden, Wandlungen durchlaufen, die auch unsere politischen Ansichten wandeln, manchmal nur in Nuancen, oft aber auch radikal. Nach Siegen oder nach Niederlagen, nach wirtschaftlichen oder auch staatlichen Änderungen werden sich auch unsere Ansichten ändern, besonders auch die aus Jugendtagen, in die wir oft zufällig, ohne eigenes Verdienst oder Verschulden hineingerieten. Für die Art, in der wir erzogen wurden, können wir nichts. Durch neue Tatsachen gewinnt der eine neue Erkenntnisse und verliert Illusionen, der andere paßt sich, um es leichter zu haben, innerlich und äußerlich der gewandelten Wirklichkeit an. Selten dagegen sind Individuen, die vom Recht auf eigne Entwicklung keinen Gebrauch machen, vielmehr von ihrem Eintritt ins politische Leben bis zu den letzten Atemzügen an der einmal als richtig erkannten inneren Ausrichtung festhalten und dafür von Gesinnungsgenossen gerühmt und von Gegnern geschmäht werden. Ich aber bin mir nie im klaren darüber, ob ich diese Unwandelbaren ihrer Charakterfestigkeit wegen bewundern, ihrer Einseitigkeit wegen bedauern oder ihrer Lernunfähigkeit wegen verachten soll.

Mit wachsendem Alter lernt man mit Veränderungen der politischen Lage, der öffentlichen Meinung und der Geschichtsbetrachtung, weil man so viele von ihnen schon erlebt hat, zu rechnen, das anscheinend Feststehende nicht mehr so wichtig zu nehmen und neben dem Recht auf Weiterentwicklung auch die Notwendigkeit einer solchen zu sehen. Das gilt für Individuen und Kollektive, also auch für die Parteien und ihre Grundsätze, die Veränderungen der Zeitläufte nur durch eigne Veränderungen überleben können, das aber nicht gern zugeben, da sie ihre gegenwärtigen Wahrheiten immer als absolute ausgeben, und weil jede Erinnerung an frühere anderslautende Wahrheiten relativierend wirkt. In der berechtigten Hoffnung auf ein kurzes Gedächtnis der Wähler wird von den Parteien immer ein Vorwärtsschauen unter Verzicht auf Rückblicke gefordert, und ebenso wie nicht eingelöste Wahlversprechen ertragen das die Wähler geduldig, weil sie es wohl zu den Spielregeln gehörig betrachten, derer jede demokratische Ordnung bedarf.

Besser als alle Spielregeln aber halten, wie man seit jeher weiß, tatsächliche oder angebliche Bedrohungen eine Gemeinschaft zusammen. Im 19. Jahrhundert waren es die gegenseitigen Feindschaften, die den europäischen Nationen mit zur inneren Einheit verhalfen. In der zweiten Hälfte des 20. Jahrhunderts hielt die Bedrohung aus dem Osten die westliche Staatengemeinschaft zusammen. Heute aber ist Deutschland nur von Freunden umgeben, und man hat manchmal den Eindruck, daß man den Mangel an Bedrohung von außen durch eine eingebildete von innen zu ersetzen versucht.

Der Rechtsextremismus, wie die widerliche Erscheinung, die sich hauptsächlich von Fremdenhaß nährt, vereinfachend genannt wird, ist wahrhaft erschrekkend, aber der Lärm, der um ihn gemacht wird, ist größer, als es die tatsächlich von ihm ausgehende Bedrohung rechtfertigt, und der Verdacht ist nicht von der Hand zu weisen, daß die Beachtung, die auch die kleinste seiner Provokationen findet, ihn nicht schwächt, sondern eher stärkt. Der Giftzwerg, der der Öffentlichkeit als Riese präsentiert wird, dünkt sich bald selber einer. Die Absicht der hundert Neonazis, die irgendwo aufmarschieren, ist es ja, wie Hunderttausend beachtet zu werden, und mit Hilfe der Medien und der Politiker gelingt ihnen das gut. Statt die Statistik politischer Straftaten durch Hakenkreuzschmierereien Pubertierender zu gefährlich erscheinender Größe anschwellen zu lassen, sollte man ernsthaft nach den sozialen und psychologischen Wurzeln der jugendlichen Straftaten fragen. Man sollte zur Kenntnis nehmen, daß in den meisten Fällen die Ursachen wohl eher in sozialbedingten Persönlichkeitsschäden als in politischen Überzeugungen liegen. Dagegen aber helfen Aufrufe zu einer allgemeinen Mobilmachung gegen ein nebelhaftes Rechtsaußen wenig. Sie erwecken eher den Eindruck, daß man die wirklichen Schäden nicht sehen will.

Mit der rohen Gewaltanwendung gegen Ausländer, Andersfarbige, Behinderte und Obdachlose ist unversehens eine Barbarei in unsere zivilisierte Wohlstandsgesellschaft eingebrochen, die wir zwar aus Filmen und den allabendlichen Fernsehvergnügungen kennen, die uns aber, wenn sie vor unserer Haustür passiert, mit Entsetzen erfüllt. Wir Erwachsenen haben die Regeln gewaltlosen menschlichen Zusammenlebens in der Familie, der Kirche, der Schule oder im Arbeitsleben erlernen können, ehe uns Filme die Lust des Tötens und Folterns schmackhaft machten oder uns doch vielfach bewiesen, daß man, um sich im Leben durchsetzen zu können, immer einen Revolver in der Tasche tragen muß. Wir können Film und Realität sauber trennen, wissen aber nicht, ob das auch die Kinder und die Jugendlichen können, die manchmal mehr unter dem Einfluß des Fernsehens als unter dem der Eltern und der Schule stehen. Wenn sie die Regeln unseres Zusammenlebens überhaupt kennen, sehen sie sie häufig mißachtet, im Leben sowohl wie in Filmen, die ja ein wesentlicher Teil ihres Lebens sind.

Bedenkt man die vielen Fernsehkanäle und Filme, die uns tagtäglich mit Mord und Totschlag, Grausamkeit und Rohheit traktieren und dabei die Verstümmelungen, das Blut und die Wunden immer mitleidloser und naturalistischer zeigen, als sei die Befriedigung sadistischer Bedürfnisse oder die Abstumpfung gegen menschliches Leid ihre Aufgabe, und wenn man ferner bedenkt, daß Bücher und Bühne dieses Werk für höhere Ansprüche mit gleicher Tendenz fortsetzen, kann man sich nur darüber wundern, daß die Gewalt in unserer Gesellschaft nicht noch viel beherrschender ist.

Politiker, die sich über die Gewalt gegen Ausländer empören, ignorieren filmische Vorbilder und Nachahmungszwänge. Und die Filmkritiker fühlen sich nur ästhetisch, nicht aber moralisch zuständig, wenn die Freude am Quälen, die Lust am Töten oder gar der Kannibalismus auf der Leinwand salonfähig gemacht wird.

Daß die Gewalttaten gegen Fremde, die meist in dem doppelten Rausch des Alkohols und einer haßerfüllten Gruppendynamik begangen werden, unter dem Sammelbegriff des Rechtsextremismus laufen, ist eine Vereinfachung, die auch einen Zusatz von Selbstrechtfertigung unserer Gesellschaft hat. Denn die scheußlichen Gewaltverbrechen, die auch Abscheu erregen und hart bestraft werden müßten, wenn sie ohne politische Absichten begangen würden, sind doch ein Produkt unserer Ordnung, das eine moralische Verwahrlosung anzeigt, deren Ursachen nachzugehen man sich weigert, wenn man nur politische Verführung dafür verantwortlich macht. Ein Verbot von Parteien, zu denen die Schläger wohl selten Verbindungen haben, ändert da wenig. Verboten werden müßte in erster Linie, wenn das möglich wäre, die Gleichgültigkeit in ethischen Fragen, die eine wirksame Erziehung zur Mitmenschlichkeit verhindert und so in den Heranwachsenden die Meinung verfestigt, alles, wozu uns Triebe verleiten, sei auch erlaubt.

Daß die Gewaltverbrechen an Ausländern im Osten Deutschlands häufiger als im Westen vorkommen, hängt sicher auch mit der unterschiedlichen Vergangenheit zusammen, aber ausblenden darf man die Unterschiede in der Gegenwart dabei nicht. Am bequemsten wäre es, nach dem Muster der SED-Propagandisten, für die alle negativen Erscheinungen ihres Staates späte Auswirkungen des Kapitalismus waren, einfach die DDR dafür verantwortlich zu machen, doch ist das so ganz einfach nicht. Nachwirkungen ideologischer Indoktrinierungen, die ja wohl auch mehr zum Linksextremismus tendieren müßten, sind als Ursache wohl auszuschließen; denn Rassismus und Fremdenfeindschaft gelehrt oder gefördert hat die DDR nicht. Da es schwerfällt, die tiefenpsychologischen Erklärungen ernst zu nehmen, die die höhere Gewaltbereitschaft im Osten auf autoritäre Methoden der Säuglingspflege in DDR-Kindertagesstätten zurückführen wollen, muß man wohl die Ursachen eher in den sozialen und moralischen Umbrüchen der Wende und den Schwierigkeiten und Enttäuschungen der Nachwendezeit sehen. In provinziellen Kleinstädten und dünnbesiedelten ländlichen Gebieten, die der hohen Arbeitslosenquoten und der noch immer geringeren Ostlöhne wegen von vitalen und intelligenten jungen Leuten verlassen werden, weil sie Arbeitsplätze eher im Westen finden, bleibt eine bildungsmäßig unterbemittelte Jugend übrig, die sich, da ihre Eltern keine Gelegenheit hatten, im Verlauf ihres Arbeitslebens Vermögen zu bilden, in einer auf Geld und Besitz orientierten Gesellschaft, die ihnen weder Vorbilder noch Perspektiven bietet, frustriert an deren unterem Ende sieht. Nicht grundlos fühlen diese Jungen sich zweitrangig – wie die Ausländer. Ihr Deutschsein ist das einzige Privileg, das sie haben, und das scheint ihnen durch die Gleichstellung der Ausländer auch noch gefährdet. Ihr dümmlicher Spruch vom Stolzsein aufs Deutschsein, den ihnen nun auch noch die Schlaumeier unter den Politikern rauben, ist sowohl der Versuch einer Identitätsfindung als auch Ausdruck ihres Bemühens, sich wenigstens in der untersten Etage eine Vorrangstellung zu sichern. Auch beim Aufstieg der Nationalsozialisten in den dreißiger Jahren des vorigen Jahrhunderts spielte Sozialneid mit.

Falls an diesen meinen Vermutungen Wahres wäre, müßte man die Gewalttaten in den östlichen Bundesländern zwar auch mit den notwendigen polizeilichen Maßnahmen, daneben aber auch mit sozialen Verbesserungen bekämpfen, und die Erfolge abschreckender Justizurteile dürften kein Anlaß zur Beruhigung sein. Selbst wenn es gelänge, die Taten jener, die ihrer Brutalität freien Lauf lassen, weil ihnen Hemmschwellen offensichtlich nicht antrainiert wurden, ganz zu verhindern, wäre damit nicht mehr als das, also wenig, erreicht. Die Gefühle der Ausgrenzung bei den Frustrierten, die vielleicht eher Zuwendung brauchten, blieben erhalten, und die aufgeschnappten rassistischen Phrasen, derentwegen wir den Schlägern die Ehre politischen Märtyrertums erweisen, würden weiter kursieren. Die Menschenverachtung wäre zwar von der Oberfläche verdrängt, aber nicht aus der Welt.

Mitschuldig an dieser sozusagen vorzivilisatorischen Haltung, die die meist aus dem Westen kommenden neonazistischen Agitatoren für ihre Rekrutierung auszunutzen versuchen, ist mehr oder weniger wohl auch die Hilflosigkeit in politisch-moralischer Hinsicht bei jenen Eltern und Lehrern, die durch das Ende der DDR und das Ungültigwerden ihrer Verhaltensnormen verunsichert wurden und auf bürgerlich-traditionelle Werte nicht zurückgreifen können, da diese, mit der Kirchenbindung zusammen, in ihnen zerstört worden sind. Als Vorbilder für jene männlichen Jugendlichen, deren dumpfe Verzweiflung in Gewalttaten ausartet, eignen sich diese unsicheren, mit sich und der freien Welt unzufriedenen Erwachsenen wenig, während die muskelbepackten Helden der vielen Gewalt verherrlichenden Filme und auch die neonazistischen Sänger, die zu Rockrhythmen Haß verbreiten, von ganz anderem, ihnen mehr imponierendem Kaliber sind.

Der publizistische Aufwand, der zeitweilig mit den Verbrechen gegen Ausländer getrieben wurde, konnte und sollte den Eindruck erwecken, die wenigen gewalttätigen Fremdenhasser seien, weil sie wegen häufig anzutreffenden Aversionen gegen die Ausländer viele heimliche Sympathisanten hätten, eine ernste Gefahr für unsere Demokratie. Sicher ist daran richtig, daß eine mit Furcht gemischte Abneigung gegen Ausländer, besonders wenn diese aus fremden Kulturkreisen kommen, nicht deutsch sprechen und sich deswegen abschotten, bei vielen Leuten zu finden ist. Falsch ist es aber, daraus auf eine Billigung der brutalen Gewalttaten oder auf die Ablehnung der Demokratie zu schließen. Man empfindet die richtungslose Ausländerpolitik der letzten Jahrzehnte als unvernünftig, denkt aber deshalb doch nicht daran, den Neonazis nachzulaufen. Sämtliche Wahlen der letzten Jahre bezeugen dies.

Wenn Beobachter feststellen, daß die Ablehnung der Fremden im Osten stärker ist als im Westen, folgt meist, von einem Obwohl eingeleitet, der Hinweis auf die geringere Zahl der Ausländer im Osten, womit man wohl die Verfehlung noch schärfer zu verurteilen meint. Dabei müßte man doch wissen, daß Vorurteile gegen Menschen erst bei näherer Bekanntschaft mit ihnen schwinden und daß die Furcht vor Unbekanntem die größte ist. Man müßte das Obwohl durch ein Deswegen ersetzen. Denn die geringe Ausländeranzahl ist ein Teil der Erklärung, die in sozialen Prägungen der Vergangenheit zu finden ist.

Die in der DDR Aufgewachsenen konnten nämlich damals keine Erfahrungen im Zusammenleben mit Ausländern machen. Soweit diese überhaupt vorhanden waren, wurden sie in der Mehrzahl von der Bevölkerung ferngehalten, die vietnamesischen Arbeiter zum Beispiel lebten so gut wie kaserniert. Ausländer, die Nachbarn werden konnten, kamen erst nach dem Zusammenbruch des Staates, und ihr Verhältnis zu den Einheimischen war ein ganz anderes als das der ankommenden Gastarbeiter zu den Deutschen der Bundesrepublik in den Wirtschaftswunderjahren. Dort waren sie dringend gebraucht worden, hier aber kamen sie zu einer Bevölkerung, die sich durch Umstellung auf andere Lebensverhältnisse oft überfordert und durch die ungewohnte und erschreckend hohe Arbeitslosenquote verunsichert fühlte. Und sie kamen nicht, um Stellen zu besetzen, die die Deutschen nicht haben wollten, sondern als Asylsuchende, Bauarbeiter mit Niedriglöhnen oder gar auch als rumänische Banden, die alle lästig oder gefährlich waren und die eigne Misere noch zu verstärken schienen. Mit Rassismus und dem Willen zur Gewalt müssen diese Aversionen, die ihren Ursprung nicht in nationalistischen und extremistischen Einflüssen, sondern wahrscheinlich in Ängsten haben, nicht unbedingt etwas zu tun haben, aber sie könnten unter schlechteren Bedingungen doch auch Nährboden für nationalistische und extremistische Einflüsse sein.

Allein durch Polizeimaßnahmen lassen sich diese Stimmungen so wenig beheben wie durch Verschweigen des tatsächlichen Problems. Zum Glück gibt es auch noch Politiker, die nicht nur Strafverschärfung für fremdenfeindliche Verbrecher, sondern auch Versuche, diese wieder auf den rechten Weg zu bringen, fordern, für die bessere Förderung der Integration von Ausländern plädieren und Asylmißbrauch auch Mißbrauch nennen, womit sie sich regelmäßig den Vorwurf einhandeln, der Fremdenfeindschaft Vorschub zu leisten oder selbst fremdenfeindlich zu sein.

Statt nach den Gründen für das Anwachsen fremdenfeindlicher Stimmungen in breiten Kreisen zu fragen und dabei auch zu erwägen, ob nicht vielleicht die Ausländerpolitik der letzten Jahrzehnte falsch gewesen sein könnte, reagiert man mit Drohungen, Verboten und Strafverschärfungen, ohne sich Gedanken darüber zu machen, daß man auf diese Weise die Freiheit, die man gegen ihre Feinde verteidigt, sich selber nimmt. Das Nachdenken über eine vernünftige Steuerung der Zuwanderung dürfen wir uns nicht selbst verbieten, uns nicht von den Neonazis, deren Wiederauftauchen mir, der ich Krieg und Hitlerzeit halbwegs bewußt erlebt habe, wie ein böser Albtraum erscheint, ein Diskussionsverbot darüber aufzwingen lassen, wieviel und welche Zuwanderer für Deutschland erträglich oder auch nötig sind.

Wo extremistische Demokratiefeinde auftauchen, leidet das Klima von Freiheit und Toleranz immer. Denn ein Extrem entzündet das andere. Gewalt macht Gegengewalt nötig. Der Wahrer der Freiheit schränkt sie zu ihrem Schutze notwendigerweise ein. Wer dafür ist, daß Verbrecher erkannt und gefaßt werden, muß sich auch selbst verschärfte Kontrollen gefallen lassen. Und wenn wir befürchten, daß das, was wir sagen, den Feinden der Demokratie als Argument dienen könnte, zensieren wir, die wir Zensur verabscheuen, uns selbst.

Es ist dies ein Teufelskreis, den Extremisten immer erzeugen und den zu durchbrechen wahrscheinlich nicht möglich ist. Man kann aber, wenn man mit der Freiheit der Freiheitsgegner auch die eigne beschneidet, Augenmaß walten lassen, sich vor hysterischen Reaktionen hüten und darauf achtgeben, daß man sich von den Extremisten nicht die Einseitigkeit im Denken, Reden und Handeln vorschreiben läßt. Wir dürfen uns nicht der Ausländerfeinde wegen die Diskussion über die Ausländerproblematik selber verbieten, Informationen über auftretende Schwierigkeiten, wie die von Ausländern begangenen Verbrechen, zurückhalten und bei Meinungsverschiedenheiten uns gegenseitig als Rassisten beschimpfen, was die wahren Rassisten nur freuen kann. Wenn regierende Demokraten im Eifer der Extremistenbekämpfung härtere Strafen für die ausländerfeindlichen Verbrechen versprechen und dabei den Grundsatz der Unabhängigkeit der Justiz vergessen, nähern sie sich unmerklich den Ansichten jener, die sie bekämpfen, an. Denn die Neonazis sind nicht nur Ausländer-, sondern auch Demokratiefeinde, denen wir nur entgegenkommen, wenn das demokratische Gesetzes- und Regelwerk nicht beachtet wird.

7 Unzeitgemäß und in unterschiedlichem Maße auch manchmal gefährlich ist es schon immer gewesen, auf das Zeitbedingte politischer Grundsätze und Meinungen aufmerksam zu machen, ihren Langzeitwert also in Zweifel zu ziehen. Ein Geschichtslehrer, der, wie ich es erlebte, 1944 den Gymnasiasten für das nächste Schuljahr eine abschließende Bewertung des Tausendjährigen Reiches ankündigt, hätte damit leicht sein Leben verwirken können. Ein DDR-Hochschullehrer, der den Marxismus-Leninismus eine überholte oder irgendwann veraltende Theorie genannt hätte, wäre seine Stellung bald losgeworden. Und ein Historiker, der sich dem Streit um die Historisierung der großen Nazi-Verbrechen mit der Bemerkung entzogen hätte, daß alles und jedes irgendwann einmal unter anderen Gegenwartsforderungen seine Aktualität verlieren und nur noch der Geschichte angehören würde, hätte sich damit für seine Zunft unmöglich gemacht.

Solange unsere Ansichten über historische Geschehnisse in der aktuellen Politik und der politischen Beeinflussung durch die Medien eine Rolle spielen, müssen sie, um gewünschte Schlußfolgerungen anregen oder Emotionen wecken zu können, als immer gültige betrachtet werden, und jeder Hinweis auf ihre Vergänglichkeit wird als politische Inkorrektheit vermerkt. Das betrifft besonders die jüngere Geschichte, die Lebzeiten der Eltern und Großeltern vor allem, gegen die wir uns selbstsicher als Moralisten aufspielen und ihnen unausgesprochen vorwerfen, daß sie nicht gut fanden, was wir heute gut finden, und daß sie nicht wußten, was uns heute als selbstverständlich erscheint. Als gut und richtig für alle Zeiten gilt uns nur unser heutiges Denken und Urteilen. Den Zeitgenossen von damals werfen wir vor, daß ihre Maßstäbe die ihrer Zeit, nicht die der unseren waren. Nicht nur die Gabe eines Propheten, der das kommende Unheil voraussieht, hätten sie unserer Meinung nach haben müssen, sondern auch den Mut und die Kraft, die Verbrechen nicht zuzulassen. Und wenn ihnen die Untaten verborgen geblieben waren, wird ihnen ein Nichtwissenwollen unterstellt.

Die Nachgeborenen, die von der Diktatur nichts mehr erlebt haben und denen durch Freiheit und Wohlstand jegliche Bewährungsproben erspart blieben, wissen genau, wie man sich unter Hitler hätte verhalten müssen, und entsprechend scharf und allgemein fallen ihre Verurteilungen aus. Bezeichnend für diese Art moralischer Anmaßung war, daß das Buch eines amerikanischen Historikers, in dem ein halbes Jahrhundert nach der Ermordung der Juden die Gesamtschuld der Deutschen behauptet wurde, in Deutschland teilweise Beifall erhielt. Die Kollektivschuldthese, die Sieger und Besiegte des Zweiten Weltkrieges als unsinnig verworfen hatten, sollte hier unter anderem Namen wieder zum Leben erweckt werden. Ob hinter diesen wissenschaftlich nicht haltbaren Behauptungen politische Zwecke oder nur Sensationsmacherei standen, ist nicht zu entscheiden; aber in die Atmosphäre pauschaler Schuldzuweisungen paßten sie gut.

Ist man alt genug und nicht gar zu vergeßlich, hat man im letzten halben Jahrhundert neben dem eignen Wandel auch den Wechsel der politischen Argumentationen samt den dazugehörigen historischen Umwertungen und Sprachregelungen schon so oft erfahren, daß man eigentlich jedes »Nie wieder!« und »Für immer!« nur mit Kopfschütteln und einem wissenden Lächeln quittieren dürfte und zu einer verständnisvolleren Betrachtung auch der jüngeren Geschichte übergehen müßte, die zwar die Verbrecher mit Namen nennt und die Verbrechen verurteilt, jeder Zeit aber ihre eignen Gottheiten und Teufel und damit auch Wertmaßstäbe beläßt.

Haben doch nicht nur Epochen, sondern auch schon Generationen ihre besonderen Prägungen, die sie für die richtigen und wahren halten und nach ihrem erfolgreichen Marsch durch die Institutionen zur öffentlichen Meinung machen – wie Teile der westdeutschen Nachkriegsgenerationen es heute vorführen, indem sie zum Beispiel die frühe Bundesrepublik, in der sie im Wohlstand aufwuchsen, als muffig, verstaubt, reaktionär und naziverseucht bezeichnen, dabei aber gern unerwähnt lassen, daß in diesen Jahren, bei Wahrung des gesamtdeutschen Anspruchs, die Westbindung Deutschlands vollzogen worden ist.

Diese Umwertung gleicht zwar auch den üblichen Generationskonflikten, in denen die Kommenden den Abtretenden Konservatismus vorwerfen, sie hat aber ihre Besonderheit darin, daß die Söhne den Vätern die großen Verbrechen anlasten, die zu deren Lebzeiten in Deutschland geschehen sind. Unlogischerweise neigen gerade jene, die heute aus individualistischen Gründen von der Nation nichts mehr wissen wollen, zu einer Verurteilung aller damals lebenden Deutschen, zu einer Nationalschuld also, die auf Individuen keine Rücksicht nimmt. Das aber müssen die meisten Alten, die sich keiner Verbrechen schuldig gemacht haben, als ungerechtfertigt empfinden. Denn sie, die ihre jungen Jahre zwangsweise in Luftschutzkellern, Kasernen, Schützenlöchern und Gefangenenlagern hatten verbringen müssen, hatten sowohl ihre in den Tod getriebenen oder verstümmelten Brüder und Kameraden als auch sich selbst immer als Opfer empfunden und sahen sich nun als Täter beschimpft.

Wie die Überlebenden der auf diese Weise pauschal verdächtigten Generationen es nach dem Krieg fertigbrachten, die Millionen Heimatvertriebener zu integrieren, das zerstörte Land wieder aufzubauen, die soliden Fundamente der Demokratie zu legen und, als Krönung ihres Lebenswerks, die deutsche Teilung auf friedlichem Wege wieder rückgängig zu machen, bleibt bei dieser Betrachtungsweise unerklärt. Trotzdem wird sie, wenn die letzten Stimmen der Alten verstummen, zur beherrschenden Lesart werden. Wer sehr alt wird von den Alten, wird die Geschichte seines Lebens in der Geschichtsschreibung nicht mehr wiedererkennen können. Er muß sich damit zu trösten versuchen, daß es schon mancher früheren Generation so ergangen ist.

Günter de Bruyn wurde 1926 in Berlin geboren und war vorübergehend als Lehrer und Bibliothekar tätig. Seit 1961 lebt er als freier Schriftsteller in Ost-Berlin und bei Frankfurt/Oder. Er wurde mit zahlreichen Preisen ausgezeichnet, u. a. dem Thomas-Mann-Preis und dem Heinrich-Böll-Preis, zuletzt mit dem Ernst-Robert-Curtius-Preis für Essayistik.
Zu seinen bedeutendsten Werken gehören die beiden Bände seiner Autobiographie, *Zwischenbilanz* und *Vierzig Jahre,* die frühen Romane *Buridans Esel* und *Neue Herrlichkeit,* die Erzählung *Märkische Forschungen* und die Biographie *Das Leben des Jean Paul Friedrich Richter*.